RIPPLES!

黑洞

$$\left[\nabla^2 - \frac{1}{c^2}\frac{\partial^2}{\partial t^2}\right]$$

$$G_{\mu\nu} = \frac{8\pi G}{c^4} T_{\mu\nu}$$

light waves
hit the
light detector

LIGO

Beam
splitter

$T = 0.5\%$

$$h = \frac{2G}{c^4}\frac{1}{r}$$

light-storage
photo protector

$$G_{\mu\nu} = \frac{8\pi G}{c^4} T$$

U0049786

獻給喬，他發現了黑暗天際之中的美。
——P.V.

作者｜派翠西亞‧瓦爾德斯　Patricia Valdez

著有 *Joan Procter, Dragon Doctor*。是一位熱愛為孩子寫作的科學家。在加州大學柏克萊分校取得分子和細胞生物學的博士學位，目前任職於美國國立衛生研究院。來自德州，現居華盛頓特區。
個人網頁PatriciaValdezBooks.com 推特帳號 @Patricia_Writer

繪者｜莎拉‧帕拉西奧斯　Sara Palacios

以 *Marisol McDonald Doesn't Match* 的繪圖，獲得普菈‧貝爾普雷插畫家榮譽獎。墨西哥人，在舊金山藝術大學獲得插畫學士和碩士學位。
個人網頁SaraPalaciosIllustrations.com IG帳號 @sarapalaciosillustrations

譯者｜郭雅欣

交通大學電子物理所碩士，從事科普出版與傳播十多年，喜歡透過文字，將科學有趣、親切、迷人又令人驚豔之處，分享給所有人。

科學圖書館
010

聆聽宇宙的聲音 HOW TO HEAR THE UNIVERSE

作者｜派翠西亞‧瓦爾德斯　插畫｜莎拉‧帕拉西奧斯　譯者｜郭雅欣
責任編輯｜許雅筑　美術設計｜黃淑雅

出版｜快樂文化
總編輯｜馮季眉　編輯｜許雅筑
FB 粉絲團｜https://www.facebook.com/Happyhappybooks/

讀書共和國出版集團
社長｜郭重興　發行人兼出版總監｜曾大福
業務平台總經理｜李雪麗　印務協理｜江域平　印務主任｜李孟儒
發行｜遠足文化事業股份有限公司
地址｜231 新北市新店區民權路108-2 號9 樓
電話｜（02）2218-1417　傳真｜（02）2218-1142
法律顧問｜華洋法律事務所蘇文生律師

定價｜350 元　ISBN｜978-626-95760-5-0（精裝）
印刷｜中原造像　初版一刷｜2022年7月
Printed in Taiwan 版權所有‧翻印必究

Text copyright © 2022 by Patricia Valdez
Cover art and interior illustrations copyright © 2022 by Sara Palacios
All rights reserved including the right of reproduction in whole or in part in any form.
This edition published by arrangement with Random House Children's Books,
a division of Penguin Random House LLC.

特別聲明：有關本書中的言論內容，不代表本公司 / 出版集團之立場與意見，文責由作者自行承擔。

國家圖書館出版品預行編目（CIP）資料

聆聽宇宙的聲音 /派翠西亞‧瓦爾德斯 文；
　莎拉‧帕拉西奧斯 圖；郭雅欣 譯.
　–初版. --新北市: 快樂文化出版:
　遠足文化事業股份有限公司發行, 2022.07;
　　面；　公分；

ISBN 978-626-95760-5-0（精裝）

1.CST: 蓋比 2.CST: 科學家 3.CST: 傳記
4.CST: 天體物理學 5.CST: 通俗作品

785.728　　　　　　　　　111008521

聆聽宇宙的聲音

文／派翠西亞‧瓦爾德斯

圖／莎拉‧帕拉西奧斯

譯／郭雅欣

大約一百年前，
在德國柏林這座城市，
一位名叫愛因斯坦的科學家正在探尋宇宙的祕密。
他先從運動、時間與空間開始思考。

宇宙裡的萬物都在空間中移動。
例如，一隻飛馳的蜻蜓……
牠會前進和後退，
從左飛到右，
也會從上飛到下。

$$h = 2G \frac{1}{c^4} \frac{1}{r} \frac{\partial^2 Q}{\partial t^2}$$

蜻蜓在空間中移動時，時間也在流逝。愛因斯坦明白空間和時間彼此連結，在蜻蜓四周編織出一張看不見的網。因此蜻蜓不只是在空間中移動，而是在時空之網中移動。

$$= \frac{8\pi G}{c^4} T_{\alpha\beta}$$

$$\left[\nabla^2 - \frac{1}{c^2} \frac{\partial^2}{\partial t^2} \right] h_{\mu\nu} = 0$$

接下來，愛因斯坦轉而思考重力。
重力把物體拉向地球，讓懸停在半空中的蜻蜓，
不會飄到外太空。
重力還讓地球以及其他行星保持在繞行太陽的軌道上。

愛因斯坦想知道是什麼產生了重力。
他提出疑問，
做出假設，
並且計算。

直到他獲得一個漂亮的答案：
重力來自於大型物體周圍的時空彎曲。
就像青蛙底下的荷葉會彎曲一樣，地球周圍的時空也會
彎曲。
如果青蛙在荷葉上跳來跳去，跳動的能量會在荷葉周圍
激起漣漪。

愛因斯坦想知道，星體互相碰撞產生的能量，
是不是也會在時空中產生漣漪。
他再度做計算。
隔年，愛因斯坦宣告，時空確實可能產生漣漪。

然而他卻推論，這種漣漪永遠不會被偵測到。因為當這些漣漪抵達地球時，已變得太過微弱而聽不到。

因為無法聽到時空漣漪的證據，人們認為愛因斯坦的想法是個天方夜譚。

過了大約五十年，
在阿根廷，一個溫暖的晚上，
點綴著月亮、星星的夜空之下，
有一位名叫蓋比‧岡薩雷斯的女孩抬頭仰望，
她也想知道，在星星之外的遠方藏著什麼祕密。

蓋比每一年都會和家人去露營。在遠離城市的地方，
星光更加閃耀，而蓋比對宇宙的好奇也愈來愈深。

蓋比在學校裡學習物理知識，能量和運動相關的科學，就像磁鐵
一般吸引著她。蓋比心想，物理可以解答她對於宇宙的疑問，正
如愛因斯坦一樣。

到了上大學時，蓋比學習愛因斯坦所提出的**時空漣漪**。科學家多
年來一直嘗試找到它。

但科學家聽到的訊號，只有來自海浪、狂風和行駛的卡車，
所產生的背景雜訊。
時空漣漪仍然只是空想。

大學畢業後，蓋比從陽光明媚的阿根廷柯爾多瓦，搬到了白雪皚皚的美國紐約雪城。她在那裡研究，更進一步了解時空的方法。

蓋比興奮的探索這個新世界。當她思念位在阿根廷的家人和朋友時，就想像著，大家都被時空聯繫在一起。

不久，蓋比遇到一位研究時空漣漪的新教授。她抓住機會加入團隊，協助聆聽宇宙的深處。在教授的指導下，蓋比著手解決背景雜訊的問題。

她日以繼夜的
思考，
嘗試，
以及測量。
在蓋比的努力下，朝著時空謎底更邁進一步。

這時候，一群科學家準備建造兩座名為LIGO的大型機器，用來偵測時空漣漪的訊號。其中一座將建造在華盛頓州的漢福德，另一座則建造在路易斯安那州的利文斯頓。

這項LIGO計畫，需要能夠預測並且移除背景雜訊的專家。

LIGO真是幸運，蓋比早已準備好了。因為她的團隊懂得預測不同類型的背景雜訊，LIGO變得更加優異，能夠接收到細微的訊號。

過了幾年，LIGO團隊已經發展為上千人的團隊，成員來自世界各地。終於，該是LIGO開始尋找時空漣漪的時候了。但首先，蓋比的團隊必須確保背景雜訊不會害他們聽不到漣漪訊號。

他們製造了不同的雜訊，看看LIGO有什麼反應：跺腳、發
出嘎嘎聲、滾動東西，一直測試到深夜。
研究團隊決定在隔天早上完成測試，因此讓儀器整夜開啟。

凌晨時分，LIGO利文斯頓偵測器突然唧唧作響。七毫秒後，
LIGO漢福德偵測器也發出唧唧聲。

蓋比在隔天早上被LIGO的警報聲吵醒。

這該不會是……？

蓋比和她的團隊立刻開始研究LIGO偵測到的波。

他們測量再測量，

計算再計算，

分析再分析，

直到他們確定自己發現了什麼：

由兩個黑洞碰撞所產生的時空漣漪！

很久以前，在遙遠的宇宙中，有兩個黑洞互相繞著圈圈。它們愈跑愈快，最後撞在一起，形成一個更大的黑洞。碰撞釋放出的能量，引起了時空漣漪，就像青蛙和荷葉的碰撞會產生漣漪一樣。這些漣漪隨著時間的推移，往地球傳遞過來，經過十億年多，它們傳到了LIGO。

在愛因斯坦提出他的預測一百年後，
蓋比的LIGO團隊證明了他是對的。
現在，人們可以透過新方法，
聆聽宇宙每一次的漣漪，
來揭開宇宙的祕密。

「我沒有特殊的天賦，
只是擁有熱切的好奇心。」
——愛因斯坦

愛因斯坦的廣義相對論

　　1915年，愛因斯坦發表了他的廣義相對論。在這項理論中，重力不僅僅是一種吸引物體的力，就像牛頓的蘋果從樹上掉到地上一樣。相反的，愛因斯坦解釋說，重力是因為質量很大或密度很高的物體，引起時空扭曲或彎曲所造成的。我們可以把時空想像成一片巨大的荷葉：當有隻沉重的青蛙坐在荷葉上，會讓荷葉彎曲，如此一來，放在荷葉上的鵝卵石就會滑向青蛙。太陽就像那隻青蛙一樣，讓時空彎曲，使得行星沿著彎曲的軌道繞太陽運行。

　　愛因斯坦進一步預測，當兩個質量很大的物體（例如兩顆中子星）相互繞行並且碰撞時，產生的能量會大到足以製造出時空漣漪，就像池塘中的漣漪一樣。他得出的結論是，這些稱為「重力波」的漣漪隨著時間抵達地球時，訊號會變得很微弱，根本不可能被偵測到。

「我們想知道
關於宇宙的一切——這是人性。
我們非常、非常好奇。」
——蓋比蕾拉·岡薩雷斯

蓋比蕾拉·岡薩雷斯以及對重力波（時空漣漪）的偵測

　　蓋比蕾拉（蓋比）·岡薩雷斯於1965年2月24日出生在阿根廷柯爾多瓦，她在柯爾多瓦大學修習物理學，並在美國的雪城大學取得博士學位。當蓋比還是研究生時，她和彼得・里德・索爾森合作，挑戰預測熱雜訊，這種雜訊來自於偵測器本身最微小的組成——它自身的原子！蓋比最後進入路易斯安那州立大學（LSU），成為物理系第一位女性正教授。她訓練年輕的科學家探問「為什麼？」。

從2011到2017年，蓋比擔任LIGO科學合作組織的發言人。2015年9月14日，LIGO第一次偵測到重力波（GW150914），它是由十三億年前的兩個黑洞碰撞而產生的。蓋比的團隊在2016年2月11日，聲勢浩大的宣布發現重力波。2017年，蓋比榮獲美國天文學會的布魯諾・羅西獎和美國國家科學院的科學發現獎；同年，她獲選為美國藝術與科學院院士。蓋比現在是LSU的物理學教授，她和她的團隊在這裡研究重力波的偵測。2019年，蓋比晉升「博伊德教授」，這是LSU所授予的最高級別教授。她的丈夫喬治・普林是LSU的理論物理學教授。

更多關於LIGO的事

LIGO的全名是「雷射干涉重力波天文臺」，它有兩隻「干涉臂」，長度都超過兩英哩，排成一個L型。內有兩道雷射光束各自沿著干涉臂前進，在干涉臂的終點由鏡子反射回來；當兩道雷射光束回到起點時會發生「干涉現象」，使光波互相抵消，因此不會偵測到光訊號。但重力波穿越宇宙時，會拉伸及收縮時空，因此，一旦重力波抵達LIGO，便會拉伸和收縮兩隻干涉臂，使得其中的雷射光束不再彼此抵消。於是，光訊號便傳遞到偵測器上，被記錄成一個「事件」。

從第一次偵測到重力波以來，LIGO已持續偵測到更多次的黑洞碰撞，還有中子星碰撞。

LIGO以及未來的偵測器，將幫助我們了解發生在太空深處、前所未知的事件。我們不只將對黑洞與中子星有更多認識，也許還能夠聽見宇宙的開端——宇宙大爆炸之聲。當然，科學家也將聆聽未知的訊號，它可能會帶來令人驚訝——甚至震驚不已——的結果！

作者的話

2016年2月11日，我觀看LIGO的新聞發表會直播，期盼著他們宣布發現重力波。當蓋比・岡薩雷斯步上講臺發言時，我倍感興奮。看著一位拉丁裔科學家發布這項具有里程碑意義的發現，使我深受激勵。從那天起，蓋比成了我的榜樣之一。我希望她也能激勵其他人。

時間線

1879：愛因斯坦於1879年3月14日出生在德國烏爾姆。

1915：愛因斯坦完成他的廣義相對論。

1916：愛因斯坦發表了一篇論文，預測重力波的存在。

1921：愛因斯坦獲得諾貝爾物理學獎。

1955：愛因斯坦於1955年4月18日在紐澤西州普林斯頓去世。

1965：蓋比・岡薩雷斯於1965年2月24日出生在阿根廷柯爾多瓦。

1988：蓋比畢業於柯爾多瓦大學，取得物理學學位。

1989：蓋比搬到紐約雪城。

1994：LIGO開始建造。

1997：蓋比加入LIGO團隊。

2011：蓋比成為 LIGO 團隊的發言人。

2015：LIGO首次偵測到重力波。

2016：蓋比以LIGO團隊發言人的身分，向全世界宣布這項發現。

2017：蓋比榮獲美國天文學會的布魯諾・羅西獎和美國國家科學院的科學發現獎。

詞彙表

黑洞：太空中一個密度很高的區域，有巨大的重力；就連光也逃離不了黑洞的重力。

重力波：由高能量事件（例如兩個黑洞碰撞）引起的時空漣漪；1916年由愛因斯坦提出理論，並於2015年由LIGO偵測到。

干涉儀：用來產生光干涉圖樣的儀器，可以進行非常微小的測量。

LIGO：全名是「雷射干涉重力波天文臺」，於2015年9月14日首度偵測到重力波。

中子星：密度極高的星體，由太空中的巨大星體塌縮而形成；中子星上的重力是地球上重力的二十億倍。

時空：三維空間（長、寬、高）加上第四維：時間，物體就存在時空當中。

熱雜訊：自由電子受到熱擾動所產生的電子雜訊；熱雜訊會干擾重力波的偵測。

參考資料

Abbott, B. P., et al. (LIGO Scientific Collaboration and Virgo Collaboration). "Characterization of Transient Noise in Advanced LIGO Relevant to Gravitational Wave Signal GW150914." *Classical and Quantum Gravity*, June 6, 2016. 33, 134001.

Abbott B. P., et al. (LIGO Scientific Collaboration and Virgo Collaboration). "Observation of Gravitational Waves from a Binary Black Hole Merger." *Physical Review Letters*, February 11, 2016. 116, 061102.

Castelvecchi, Davide. "*Nature*'s 10: Ten People Who Mattered This Year; Gabriela González: Gravity Spy." *Nature*, December 19, 2016.

Castelvecchi, Davide, and Alexandra Witze. "Einstein's Gravitational Waves Found at Last." *Nature*, February 11, 2016.

Kruesi, Liz. "Searching the Sky for the Wobbles of Gravity." *Quanta Magazine*, October 22, 2015. Web. 21, April 2017.

Overbye, Dennis. "With Faint Chirp, Scientists Prove Einstein Correct." *The New York Times*, February 12, 2016. A1.

參考影片

ligo.caltech.edu/video/ligo01032005v
《愛因斯坦的信使》（Einstein's Messengers），
一部關於LIGO尋找重力波的紀錄片

https://www.youtube.com/watch?v=0txtVkBUdSQ
蓋比介紹LIGO計畫的TED演講

參考網頁

ligo.caltech.edu
加州理工大學的LIGO主頁，可連結到LIGO利文斯頓偵測器與LIGO漢福德偵測器的網頁；包含教育資源

ligo.org/index.php
LIGO科學合作組織網頁；包含教育資源

ligo.org/magazine/LIGO-magazine-issue-8-extended.pdf
《LIGO雜誌》2016年3月號，專刊介紹重力波的首次偵測

news.syr.edu/blog/2019/01/04/physicist-gabriela-gonzalez-g95-reveals-how-syracuse-prepared-her-to-make-science-history/
雪城大學對蓋比做的採訪

spaceplace.nasa.gov/gravitational-waves/en
NASA為孩子們介紹重力波的網頁

wbur.org/hereandnow/2016/06/14/profile-scientist-gravitational-waves
一小段蓋比的採訪語音

https://www.lsu.edu/physics/people/faculty/gonzalez.php
蓋比的個人網頁